Ingrid Kellner

Manege frei für Maxi!

Mit Bildern von Birgit Rieger

Loewe

Die Deutsche Bibliothek – CIP-Einheitsaufnahme

Kellner, Ingrid:
Manege frei für Maxi! / Ingrid Kellner.
– 1. Aufl.– Bindlach : Loewe, 1999
(Lesefant)
ISBN 3-7855-3315-2

Dieses Buch ist auf chlorfrei gebleichtem Papier gedruckt.

ISBN 3-7855-3315-2 – 1. Auflage 1999
© 1999 Loewe Verlag GmbH, Bindlach
Umschlagillustration: Birgit Rieger
Satz: Leingärtner, Nabburg

Inhalt

Endlich ein Hund!

Michi und Mona
bekamen einen Hund.
Papa hatte es
endlich erlaubt.
Michi wollte einen Boxer.
Boxer sind so stark!
Mona wollte lieber
einen Collie.
Collies sind so schön!
„Kommt gar nicht infrage",
sagte Papa.
„Diese Hunde fressen mich arm.
Sie brauchen viel Platz
und sind sehr teuer."

„Wie wär's mit einem Dackel?",
schlug Mama vor.
„Die gibt's gerade
im Sonderangebot."

„Im Supermarkt?",
fragte Michi.
„Nein", sagte Mama.
Und dann erzählte sie
von ihrer Freundin Maria.
„Die hat eine Hundezucht
und will gerade
junge Dackel abgeben."
„Geschenkt?",
fragte Papa.
„Nicht ganz",
lächelte Mama.
„Na gut",
seufzte Papa.

Am nächsten Samstag
fuhr die Familie
zu Mamas Freundin aufs Land.

Hinter dem Zaun
hörte man es
wütend bellen.
Mona und Papa blieben
lieber im Auto.
Michi und Mama klingelten.

12

Maria machte auf.
„Keine Angst",
sagte sie.
„Die Hunde tun euch nichts."
Da trauten sich
auch Mona und Papa
aus dem Auto.

„Schaut, da sind die Welpen!",
rief Maria.
Die Dackelchen krabbelten
aus ihrer Kiste
und wackelten
zu den Besuchern.
„So süß!",
sagte Mona entzückt.
Sie streichelte ein Hündchen.
Es hüpfte auf ihren Schoß
und leckte ihre Nase.
Mona lachte:
„Den nehmen wir!"
„Nein, den da!",
rief Michi.

Der Welpe hopste
auf seine Dackelmama
und zog sie am Schlappohr.
Dann plumpste er zur Seite
und zeigte
sein dickes Bäuchlein.
„Ich bin für den Burschen da",
sagte Papa.
„Das ist ein Hundemädchen",
meinte Maria.

„Es ist nur noch
ein Rüde übrig."
Sie zeigte
auf den kleinsten Dackel,
der still in einer Ecke saß.
„Darf ich vorstellen:
Maximilian vom Mayerhof."

„Hallo, Maxi!",
sagte Mama.
„Willst du mit uns kommen?"
Maxi wollte.

Aber als er im Auto
auf Mamas Schoß saß,
fing er an zu winseln.
„Mama, gib ihn mir",
sagte Mona.
„Nein, mir",
sagte Michi.

„Ich will ihn haben",
zischte Mona.
„Nein, ich",
brüllte Michi.
„Ruhe dahinten!",
sagte Papa sehr laut.
Da nahmen Mona und Michi
Maxi in die Mitte.

Maxi vom Mayerhof

Am nächsten Tag
stieg Papa aus dem Bett
und Maxi vom Mayerhof
gleich aufs Schwänzchen.
Maxi jaulte schrill
und verzog sich unters Sofa.
„Beleidigte Leberwurst!",
schimpfte Papa.
„Übrigens, hat jemand
meinen zweiten
Hausschuh
gesehen?"
Michi und Mona
schüttelten den Kopf.

Dann gingen sie
ins Wohnzimmer
und legten sich vor dem Sofa
platt auf den Bauch.
„Komm, Maxi, komm!"
Michi wedelte
mit einer Scheibe Schinken.
„Lecker, Maxi!", sagte Michi.

Da brachte Maxi
Papas zerkauten Pantoffel
und tauschte ihn
gegen den Schinken ein.
Dann lief er fröhlich
in die Küche.

„So eine Schweinerei!",
brüllte Papa
aus dem Badezimmer.
Er war barfuß
in ein Maxi-Häufchen getreten.
Und daneben funkelte
ein kleiner Maxi-See.

21

„Jetzt reicht's!",
schimpfte er.
„Ihr geht mit dem Hund Gassi,
aber sofort!"

Maxi lernte schnell:
Nach ein paar Wochen
war er stubenrein.
Michi und Mona lernten
das Gassigehen
vor und nach der Schule.
Mama lernte,
welches Hundefutter
Maxi am liebsten fraß
und welches er
total ungenießbar
fand.

Nur Papa lernte nicht,
dass Maxi
kein folgsamer Hund war,
sondern
ein eigensinniger Dackel.
Maxi kroch zum Beispiel
gern in Hosenbeine.
Als Papa einmal
in seine Freizeithose stieg,
erschrak er tierisch.
Maxi auch.

Er biss Papa
in den großen Zeh.
Nur ein bisschen,
aber Papa brüllte,
als ob er in einem
Krokodilsrachen
gelandet wäre.

Michi klärte ihn auf:
„Dackel sind eigentlich
für die Jagd auf Füchse
und Dachse gezüchtet.
Sie schlüpfen in den Bau
und stöbern das Wild auf.
Praktisch, was?"
„Ziemlich",
knurrte Papa.
„Aber meine Hose ist
kein Fuchsbau.
Und jetzt hol mir bitte
das Verbandszeug."
Er hatte wirklich
miese Laune.

Wo ist Maxi?

Ein paar Tage später
sagte Mama zu Mona:
„Weißt du eigentlich,
wo Maxi ist?
Ich habe ihn heute
noch gar nicht gesehen."
„Ich auch nicht",
sagte Mona.

„Maxi, Maxi, wo bist du?"
Aber Maxi war nirgends.
Nicht im Haus,
nicht davor
und nicht dahinter.
„Ob er in ein Auto
reingesprungen ist?",
überlegte Mona laut.
„Er ist doch so neugierig."
Als Papa abends heimkam,
sprachen alle nur von Maxi.
Michi fragte Papa:
„Und wenn Maxi nicht mehr
nach Hause findet?"
Papa zuckte mit den Schultern
und ließ sich
in seinen Sessel sinken.

28

Gleich schoss er wieder hoch.
„Verflixt,
was ist denn das?"
Er griff unters Kissen
und holte einen abgenagten,
stinkenden Knochen hervor.

„Bin ich froh,
dass der Hund
aus dem Haus ist!",
rief er.
„Aber, Papa!"
Mona war den Tränen nahe.
„Papa, du musst ihn suchen!"
Papa schüttelte den Kopf.
„Morgen",
tröstete Mama.
„Morgen sehen wir weiter."

Im Zirkus

Papa, Mona und Michi suchten
die ganze Umgebung ab.
Aber Maxi war und blieb
verschwunden.
Auch auf eine Anzeige
in der Zeitung
meldete sich
niemand.
Mona und Michi
schlichen
tagelang
traurig umher.

Zum Trost fuhr Papa mit ihnen
in den Zirkus Rinaldino.
„Tiere, Künstler, Sensationen"
stand auf dem Plakat.
Er kaufte sogar
die vordersten Plätze
und Popcorn und Cola.
Aber Mona und Michi fanden
alles öde.

Nach der Pause
rief der Direktor:
„Meine Damen und Herren,
viel Spaß mit
unserer neuen Clownnummer,
den Fantastischen Vier!"
Es fing ganz traurig an:
Zwei schluchzende Clowns
trugen einen dritten
auf einer Bahre in die Manege.

„Was ist denn mit dem los?",
fragte Michi.

„Tot ist er",
seufzte Mona.
„Das sieht man doch."
„Aber seine Hose ist lebendig",
sagte Michi.

34

Und wirklich,
die Hose zuckte und zappelte.
Vor Schreck ließen die Clowns
die Bahre fallen.
„Pumm",
dröhnte die Pauke.

Der tote Clown erwachte
und starrte
auf seine hüpfende Hose.
Alle lachten,
als die Hose zu bellen anfing.
Dann gab es einen Tusch.
Ein kleiner Clown
auf vier kurzen Beinen
schlüpfte aus der Hose.

Es war ein Dackel
mit Halskrause und Hütchen.
„Maxi!",
schrien Michi und Mona.
„Das ist ja unser Maxi!"
„Mich laust der Affe",
murmelte Papa.
Inzwischen rappelte sich
der dritte Clown hoch
und wollte wegrennen.

Aber er kam nicht weit:
Maxi sprang an ihm hoch,
zerrte an den Hosenträgern
und biss die Knöpfe ab.
Die Hose rutschte runter,
und der Clown schämte sich
furchtbar.
Mona und Michi
brüllten vor Lachen.

Papa grinste.
Drunten in der Manege
schnappte sich Maxi die Hose
und galoppierte davon.
Die Clowns wollten ihn fangen,
aber sie stolperten
übereinander
und knallten ins Sägemehl.
Pumm, Pumm, Pumm!

Da ging
der Manegenvorhang auf.
Der Zirkusdirektor knatterte
in einem kleinen Oldtimer
in die Manege.
Er öffnete die Autotür.
Maxi sprang hinein.
Sie drehten ein paar Runden
unter großem Beifall.

„Maxi!", rief Mona.

Maxi sprang aus dem Auto

direkt auf ihren Schoß.

Er bellte vor Freude

wie verrückt.

Die Zuschauer waren gerührt

und klatschten wild.

Nach der Vorstellung
sagte Papa zum Zirkusdirektor:
„Verzeihung,
aber das ist unser Hund."
„So ein hoch begabtes Tier",
sagte Herr Rinaldo.
„Es ist in mein Auto gesprungen
und wollte zum Zirkus."
„Aber Maxi gehört uns",
rief Mona.
„Schade!",
sagte Herr Rinaldo.

„Aber könnt ihr mir
euren Hund leihen?
Nur solange wir
in eurer Stadt sind."
„Na gut",
meinte Michi.
„In Ordnung",
sagte Mona.

„Wann kriegen wir
Maxi wieder?",
fragte Papa.
„In einer Woche.
Dann ziehen wir weiter",
sagte Herr Rinaldo.
„Ihr könnt Freikarten haben,
so viele ihr wollt."
Maxi bellte zustimmend.

War das ein Spaß!
Mona und Michi
gingen jeden Tag
mit ihren Freunden
in den Zirkus Rinaldino.
Und Maxi war
der Star der Manege.

Wilde Jagd

Sieben Tage später
fuhr Papa mit den Kindern
wieder zum Zirkus.
Sie wollten Maxi
nach Hause holen.
Hilfe, was war das?
Entsetzt starrten sie
auf den großen Grasfleck,
auf dem das Zirkuszelt
gestanden hatte.
„Sie sind abgehauen
und haben Maxi geklaut",
rief Mona.

„Kommt,
wir gehen
zur Polizei",
sagte Papa.
Dort fragte er:
„Wohin ist
der Zirkus Rinaldino gefahren?"
Der Beamte zuckte nur
mit den Schultern.
„Keine Ahnung",
brummte er.

46

„Kann ich mal telefonieren?",
fragte Papa.
„Nein, hier nicht,
aber draußen ist eine Zelle",
brummte der Beamte.
Sie riefen überall an:
Im Rathaus,
im Arbeitsamt,
sogar im Krankenhaus.
„Und jetzt?",
fragte Papa ratlos.
„Ruf die Feuerwehr an",
sagte Michi.
„Vielleicht wissen die Bescheid."
Und tatsächlich:
Bei der Feuerwehr wussten sie,
wohin der Zirkus gezogen war.

Vor drei Stunden hatten sie ihn
nämlich auf die Bahn verladen.
Jetzt war der Zug
Richtung Hamburg unterwegs.
„Steigt ein, Kinder!",
rief Papa.
„Den kriegen wir."
Er fuhr wie ein
Formel-Eins-Weltmeister.

Da sahen sie den Zug
in der Ferne.
„Schneller, Papa!",
riefen Michi und Mona.
Aber plötzlich
blieb der Wagen stehen.
„Mist, kein Benzin mehr",
knurrte Papa.
„Der Reservetank ist leer",
stellte Michi fest.
„Was jetzt?",
fragte Mona.

„Wir müssen warten,
bis uns jemand mitnimmt",
meinte Papa.
Da standen sie nun
mitten auf dem flachen Land.
Lange Zeit kam niemand.

Endlich tuckerte
ein Traktor vorbei.
„Nehmen Sie uns mit?",
fragte Papa den Bauern.
Der nickte.
„Steigt auf und macht es euch
bequem!"
Auf dem Anhänger war Heu.

„Gemütlich",
sagte Papa.
Doch Mona weinte fast.
„Wir holen Maxi nie mehr ein."
Michi starrte düster
in die untergehende Sonne.
Papa gähnte.
Und dann schliefen sie
alle ein.

52

Gefunden

Rumms!
Papa und die Kinder
purzelten in die Tiefe.
Es war stockfinster.
Mona wollte schreien,
aber Papa hielt ihr
den Mund zu.
„Sei leise!
Und riecht mal!"

Die Kinder schnupperten.
Es roch nach Zirkus.
Der Bauer hatte das Heu
mit Papa und den Kindern
am nächsten Bahnhof
vom Hänger gekippt.
Dort machte der Zirkus
eine Futterpause.

Aber wie sollten sie Maxi
in all den vielen Waggons finden?
Noch dazu im Dunkeln!
Papa pfiff.
„Hoffnungslos",
sagte Michi.
„Er folgt dir doch nie."

Da bellte es.

Und wer kam ins Heu gehüpft?

„Maxi!",

schrien Michi und Mona.

Maxi war überglücklich.

Er sprang sogar an Papa hoch

und wollte ihm

das Gesicht lecken.

„Genug!",

lachte Papa.

56

Michi und Mona riefen:
„Maxi, jetzt geben wir
dich nie mehr her."
Leise schlichen sie
aus dem Bahnhof.
Maxi folgte Papa
bei Fuß.

Im Gasthaus zur Post
bestellte Papa
Pommes mit Schnitzel
und für Maxi
Schnitzel ohne Pommes.

Dann riefen sie zu Hause an.
Michi sagte:
„Alles in Ordnung, Mama.
Stell dir vor:
Maxi ist wieder da!"

58

„O nein!", stöhnte Papa.
„Er schlüpft schon wieder
in meine Hose."
Michi und Mona lachten.
Papa guckte wütend.
Dann fing er
auch an zu lachen.

Ingrid Kellner studierte an der Graphischen Akademie München und arbeitete in der Werbung. Nach mehreren New-York-Aufenthalten machte sie sich selbstständig. Sie illustriert seit über 20 Jahren Bilder-, Kinder-, Sach- und Schulbücher. Seit ein paar Jahren macht es ihr ebenso viel Spaß, unterhaltsame und spannende Geschichten für Kinder zu schreiben.

Birgit Rieger, geboren in Hamburg, wuchs im Harz auf. Sie lebte drei Jahre in der Schweiz, bis sie nach Berlin zog, um Grafik-Design an der Hochschule der Künste zu studieren. Birgit Rieger arbeitet heute als freie Kinder- und Jugendbuch- illustratorin.

Erstes Lesen mit Spaß

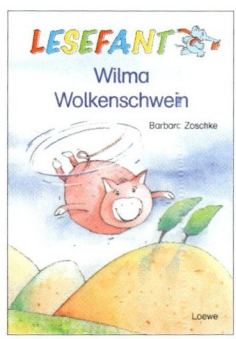
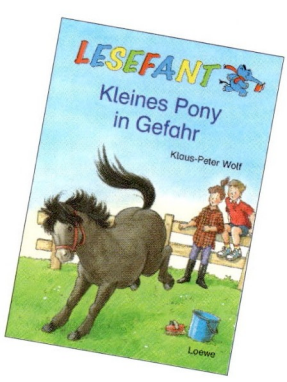

Marliese Arold · Wo sich Hase und Igel gute Nacht sagen · Komm nach Hause, Minka!
Milena Baisch · Das Geheimnis im Park
Anne Braun · Hexenfest und Besenzauber
Werner Färber · Vorsicht, große Schwester!
Petra Fietzek · Flo, der Superkicker · Bleib am Ball, Flo! · Flügel für Astrid
Jana Frey · Kleiner Bruder, großer Wirbel!
Cornelia Funke · Der Mondscheindrache
Karin Jäckel · Das Weihnachtsgeheimnis
Katharina Kühl · Alexandra Superfetzig
Stefan & Stefanie Merkle · Der Rechtschreibzauberer
Gunter Preuß · Gespensterkrach um Mitternacht · Die Zaubermaus im Klassenzimmer
Anne Steinwart · Der verhexte Einkaufstag
Klaus-Peter Wolf · Kleines Pony in Gefahr
Cornelia Ziegler · Detektivbüro Viermalklug · Fehlerteufel Klecks
Elisabeth Zöller · Gruß und Kuss – dein Julius
Barbara Zoschke · Extrawurst für Flatti · Wilma Wolkenschwein

LOEWE